EDGE BOOKS™

AMÉRICA EMBRUJADA

Fantasmas de
GETTYSBURG
Y OTROS LUGARES EMBRUJADOS DEL ESTE

de Suzanne Garbe

CAPSTONE PRESS
a capstone imprint

Edge Books son publicaciones de Capstone Press,
1710 Roe Crest Drive, North Mankato, Minnesota 56003
www.capstonepub.com

Los datos de CIP (Catalogación previa a la publicación, CIP)
de la Biblioteca del Congreso se encuentran disponibles en el sitio web de la
Biblioteca..
  ISBN 978-1-4966-8513-1 (library binding)
  ISBN 978-1-4966-8517-9 (ebook pdf)

Créditos editoriales
Anthony Wacholtz, editor; Heidi Thompson, diseñadora; Svetlana Zhurkin,
investigadora de medios; Danielle Ceminsky, especialista en producción

Créditos fotográficos
Alamy: North Wind Picture Archives, 14; AP Photo: Patrick Semansky, 5, Robert F.
Bukaty, 17; Corbis: Bettmann, 10–11, Roman Soumar, 20 (inset), Star Ledger/Robert
Sciarrino, 22–23; Dreamstime: Wangkun Jia, 18–19; Governor Sprague Mansion
Museum, Cranston Historical Society, Cranston, RI, photo by Gregg A. Mierka, Artist/
Historian, 26–27, 27 (inset); iStockphotos: ilustro, cover (middle); Library of Congress,
6–7, 13 (inset), 15 (top), 20–21, 24–25; Newscom: KRT, 10 (inset); Shutterstock: Dmitry
Natashin (frame), 7, 10, 13, 15, echo3005 (gate), back cover, 2, 30, 32, Ivakoleva
(texture), throughout, Kelleher Photography, 8–9, Map Resources, 28, Nagel
Photography, cover (bottom), 1 (front), nikkytok (smoke), throughout, Triff, cover
(top), 1 (back), Victorian Traditions, 7 (top), Zack Frank, 29; Svetlana Zhurkin, 12–13

Citas directas
Página 15: Jeff Belanger. "The World's Most Haunted Places." Rev. ed. Pompton Plains,
N.J.: New Page Book, 2011, 108.
Página 17: http://hauntedlights.com/haunted1.html
Página 25: Michael Norman and Beth Scott. "Haunted America." New York: TOR,
1994, 133–134.

Printed in the United States Of America.
3342

TABLA DE CONTENIDOS

El este de los Estados Unidos alberga los edificios más antiguos y la historia registrada más antigua de nuestro país. Así que no es de extrañar que también sea uno de los lugares más embrujados de nuestro país. Los científicos no consiguen explicar o probar la existencia de los **fantasmas**. Sin embargo, a lo largo de la historia, muchas personas han tenido experiencias con fantasmas y eventos inexplicables. Prepárate para una visita guiada por algunos de los lugares más embrujados del este.

CEMENTERIOS DE WESTMINSTER

Se dice que el cementerio de Westminster en Baltimore, Maryland, está embrujado. El famoso escritor estadounidense Edgar Allan Poe fue enterrado allí en 1849. Poe era conocido por sus espeluznantes novelas de misterio. Después de su muerte, se cree que su fantasma sigue deambulando por el cementerio. Según la leyenda, el fantasma de Poe ha sido visto cerca de su tumba y en las **catacumbas** bajo el cementerio.

Aparentemente, Poe no es el único fantasma que habita en Westminster. Las personas que visitan el cementerio afirman haber oído las voces de niños fantasma y haber visto a un hombre misterioso con un chaleco gris. Hay **médiums** que incluso afirman haber oído a un hombre gritar: "¡Vete!".

CIUDAD: Baltimore, Maryland

PRIMER INFORME DE ACTIVIDAD PARANORMAL: no se sabe

TIPOS DE ACTIVIDAD: apariciones de fantasmas, voces

NIVEL DE MIEDO: 2

ACCESO: Está abierto al público. Se ofrecen visitas guiadas, incluyendo tours de Halloween.

ORIGINAL BURIAL PLACE OF

EDGAR ALLAN POE

FROM

OCTOBER 9, 1849.

UNTIL

NOVEMBER 17, 1875.

MRS. MARIA CLEMM HIS MOTHER-IN-LAW
LES UPON HIS RIGHT AND VIRGINIA PO
UPON HIS LEFT UNDER TH

HIM IN TH

fantasma—espíritu de una persona muerta que se cree que se aparece
   a las personas o en lugares
catacumba—un cementerio subterráneo
médium—una persona que dice comunicarse con el mundo espiritual

5

CAMPO DE BATALLA DE GETTYSBURG

La batalla más mortífera de la Guerra Civil (1861–1865) tuvo lugar en Gettysburg, Pensilvania. Cuando la **Unión** y la **Confederación** se enfrentaron, más de 50.000 soldados perdieron la vida en tres días. La batalla de Gettysburg fue un golpe para el sur. Algunos dicen que los soldados que participaron en la batalla de Gettysburg todavía vagan por el campo de batalla.

CIUDAD: Gettysburg, Pensilvania

PRIMER INFORME DE ACTIVIDAD PARANORMAL: 1863

TIPOS DE ACTIVIDAD: apariciones de fantasmas, olores extraños, sonido de pasos y voces

NIVEL DE MIEDO: 5

ACCESO: El parque es gratis y está abierto al público. Varias compañías organizan tours fantasmales.

Gettysburg tiene una larga historia con los fantasmas. El primer suceso paranormal ocurrió durante la batalla en 1863, cuando las tropas de Maine llegaron a las afueras de Gettysburg para apoyar a la Unión. Sin embargo, no estaban seguros de adónde ir. En una bifurcación del camino, apareció un hombre que montaba un caballo y llevaba un sombrero de tres puntas. Cientos de soldados y varios oficiales dijeron que la figura tenía la cara de George Washington. Sin embargo, Washington llevaba más de 60 años muerto. Aunque asustados, las tropas siguieron las instrucciones de Washington. Llegaron a tiempo para ayudar a hacer retroceder las fuerzas confederadas del general Robert E. Lee.

George Washington

Unión—estados del norte que lucharon contra los estados del sur en la Guerra Civil

Confederación—los 11 estados del sur que abandonaron los Estados Unidos para formar los Estados Confederados de América

Los soldados de la Guerra Civil no son los únicos que vieron fantasmas en Gettysburg. Hoy en día, el lugar de batalla es un parque nacional. Muchos visitantes afirman haber tenido encuentros con fantasmas. Algunos vieron a un soldado sin cabeza montando a caballo. Otros escucharon llantos de bebés y misteriosos sonidos de pasos.

Un monumento en el Parque Militar Nacional de Gettysburg honra al General de División Henry Warner Slocum.

Algunas personas piensan que los fantasmas reviven escenas de la batalla. Los visitantes afirman haber oído disparos, caballos corriendo y los fuertes estallidos de los cañones.

Durante la guerra, los brazos o piernas de algunos soldados heridos fueron amputados y arrojados por las ventanas de un edificio. En la actualidad, una de las ventanas de ese edificio vibra fuertemente.

Se dice que un soldado habitó en el cementerio durante años. Supuestamente estaba molesto porque su lápida no mencionaba la Medalla de Honor que ganó durante la batalla. Tan pronto como se incluyó la medalla, el fantasma desapareció.

CASA LIZZIE BORDEN

Lizzie Borden

El 4 de agosto de 1892, los cuerpos de Andrew y Abby Borden fueron descubiertos en su casa. La policía pensó que habían sido asesinados con un hacha. La hija de Andrew, Lizzie, fue acusada del asesinato. Un jurado la declaró inocente, pero todavía se debate si fue ella o no.

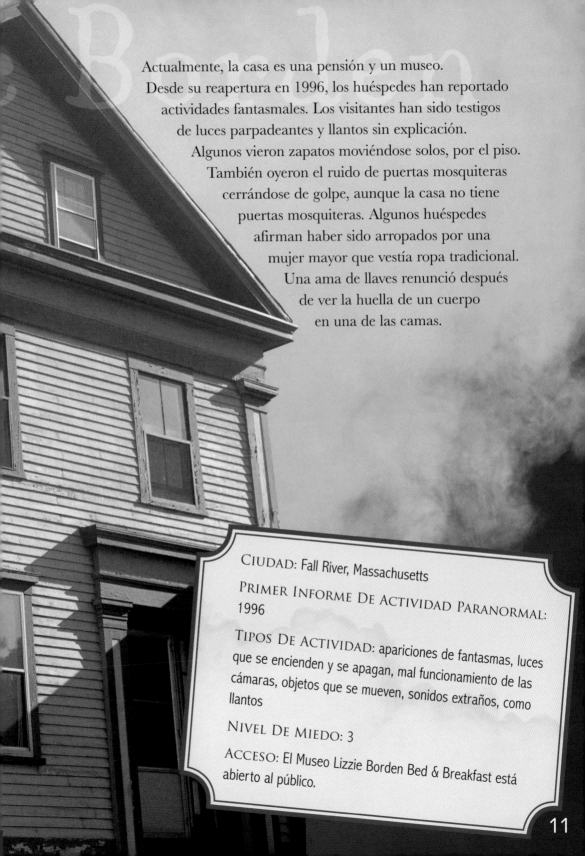

Actualmente, la casa es una pensión y un museo.
Desde su reapertura en 1996, los huéspedes han reportado
actividades fantasmales. Los visitantes han sido testigos
de luces parpadeantes y llantos sin explicación.
Algunos vieron zapatos moviéndose solos, por el piso.
También oyeron el ruido de puertas mosquiteras
cerrándose de golpe, aunque la casa no tiene
puertas mosquiteras. Algunos huéspedes
afirman haber sido arropados por una
mujer mayor que vestía ropa tradicional.
Una ama de llaves renunció después
de ver la huella de un cuerpo
en una de las camas.

CIUDAD: Fall River, Massachusetts

PRIMER INFORME DE ACTIVIDAD PARANORMAL:
1996

TIPOS DE ACTIVIDAD: apariciones de fantasmas, luces
que se encienden y se apagan, mal funcionamiento de las
cámaras, objetos que se mueven, sonidos extraños, como
llantos

NIVEL DE MIEDO: 3

ACCESO: El Museo Lizzie Borden Bed & Breakfast está
abierto al público.

11

LA CASA BLANCA

CIUDAD: Washington, D.C.

PRIMER INFORME DE ACTIVIDAD PARANORMAL: entre 1852 y 1865

TIPOS DE ACTIVIDAD: apariciones de fantasmas, sonido de pasos, lugares fríos, olores extraños, luces que se encienden y se apagan

ACCESO: En ocasiones se ofrecen visitas guiadas gratuitas.

La Casa Blanca ha sido el hogar de todos los presidentes estadounidenses durante más de 200 años. La dirección 1600, Pennsylvania Avenue NW, Washington, D.C. es la más famosa de los Estados Unidos. Pero hay algo sobre la Casa Blanca que no todos saben: puede que esté embrujada.

El primer fantasma que fue visto en la Casa Blanca fue William Lincoln, el hijo de Abraham Lincoln. William murió de una enfermedad en 1862. La esposa de Abraham Lincoln, Mary Todd Lincoln, dijo que veía el fantasma de su hijo cada noche. Él se paraba al pie de su cama y le sonreía. A veces venía con otros miembros de la familia que también habían muerto. Mary Lincoln le dijo a su media hermana que ver al fantasma de William la consolaba.

William Lincoln

Sin embargo, no todos los fantasmas
de la Casa Blanca son tan gentiles.
Algunos visitantes informaron haber visto
el fantasma de un soldado británico
portando una antorcha. Una pareja dijo
que el fantasma intentó prender fuego a su
cama. Los cazafantasmas creen que podría
ser el fantasma de uno de los soldados
que quemaron la Casa Blanca durante
la Guerra de 1812.

Dolley Madison

También se dice que el fantasma de Dolley Madison deambula por la Casa Blanca. Dolley, la esposa del presidente James Madison, tuvo a cargo la creación del famoso jardín de rosas de la Casa Blanca. Cien años después, mientras Woodrow Wilson era presidente, se ordenó a los jardineros que quitaran el jardín. Según la leyenda, el fantasma enojado de Dolley detuvo a los jardineros.

Otros fantasmas que han sido vistos en la Casa Blanca incluyen a los expresidentes Abraham Lincoln, William Henry Harrison y Andrew Jackson. La esposa del presidente John Adams, Abigail Adams, ha sido vista colgando ropa en la Sala Este. Algunas personas han dicho que sienten olor a jabón y a ropa mojada.

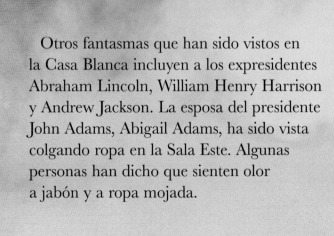

"Cuando encendí la luz una mañana, [Abraham Lincoln] estaba sentado afuera de su oficina con una mano sobre la otra y las piernas cruzadas... Y cuando parpadeé, se había ido".
– Tony Savoy, capataz de Operaciones de la Casa Blanca

FARO DE LA ISLA DE SEGUIN

A mediados del siglo XIX, un guardián de faros vivía en la isla de Seguin, Maine, con su esposa. Su trabajo era mantener encendida la lámpara de queroseno para que los barcos no se estrellaran contra la costa. El guardián y su esposa vivían solos en la pequeña isla. Para evitar que su mujer se aburriera durante el largo invierno, el guardián le compró un piano. Sin embargo, el piano llegó con una sola pieza musical. La mujer lo tocaba una y otra vez, a veces durante horas. Cuenta la leyenda que el guardián se fue volviendo loco poco a poco, terminó tomando un hacha y destrozó el piano. Luego mató a su esposa y se suicidó.

Cien años después, los guardianes de faros comenzaron a reportar sucesos espeluznantes. Puertas que se cerraban solas y muebles moviéndose. Algunos visitantes afirmaron que escucharon los sonidos de un piano sonando a lo lejos.

En 1985, los avances tecnológicos permitieron que el faro funcionara sin un guardián que viviera allí. Un equipo fue a limpiar la casa y a quitar los muebles. Un miembro del la tripulación vio aparecer el fantasma de una mujer en la noche. La mujer le dijo: "No te lleves los muebles. ¡Por favor, deja en paz mi casa!". Al día siguiente, cargaron los muebles en el barco de todos modos. Cuando todo estuvo cargado, el motor se detuvo repentinamente. La cadena que mantenía el barco en su sitio se rompió y el barco se hundió.

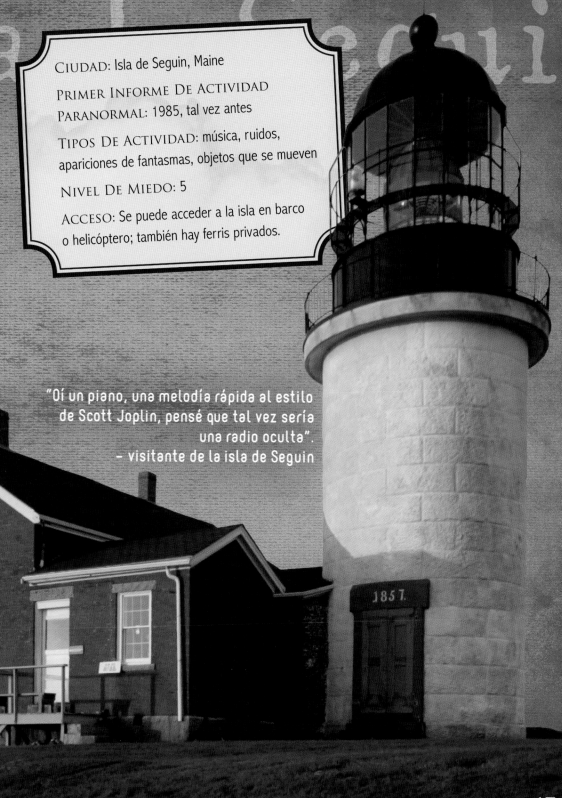

CIUDAD: Isla de Seguin, Maine

PRIMER INFORME DE ACTIVIDAD
PARANORMAL: 1985, tal vez antes

TIPOS DE ACTIVIDAD: música, ruidos,
apariciones de fantasmas, objetos que se mueven

NIVEL DE MIEDO: 5

ACCESO: Se puede acceder a la isla en barco
o helicóptero; también hay ferris privados.

"Oí un piano, una melodía rápida al estilo
de Scott Joplin, pensé que tal vez sería
una radio oculta".
– visitante de la isla de Seguin

1857.

CASA OMNI PARKER

CIUDAD: Boston, Massachusetts

PRIMER INFORME DE ACTIVIDAD PARANORMAL: 1941, tal vez antes

TIPOS DE ACTIVIDAD: apariciones de fantasmas, objetos que se mueven, **orbes**, ruidos

NIVEL DE MIEDO: 3

ACCESO: La casa está abierta al público y funciona como hotel y restaurante.

Los huéspedes y el personal del hotel "Casa Omni Parker" han informado extraños sucesos durante más de 70 años. Los huéspedes afirman haber oído el crujido de una mecedora, aunque el hotel no tiene mecedoras. Un guardia de seguridad vio una vez una figura oscura con un sombrero de copa alta. Algunos huéspedes afirman que los ascensores van al tercer piso por sí solos. El personal también afirma haber visto orbes flotando por el pasillo del décimo piso.

Harvey Parker, que abrió el hotel en 1855, es el fantasma más conocido del hotel. Se esforzó mucho para asegurarse de que sus huéspedes tuvieran una experiencia excepcional en el hotel y restaurante. Mucho después de la muerte de Parker, su fantasma fue visto en el décimo piso. Algunos empleados del hotel creen que se quedó para asegurarse de que los huéspedes tuvieran una experiencia maravillosa.

orbe—bola de luz brillante que a veces aparece en un lugar supuestamente embrujado

WILLIAMSBURG COLONIAL

Williamsburg fue fundada en 1699 como la capital de Virginia. La ciudad fue creciendo, pero el Williamsburg Colonial todavía existe. La zona histórica se encuentra en la parte este de la ciudad. Algunos de los edificios originales siguen en pie, mientras que otros han sido reconstruidos. Algunos de los edificios, como la Casa Peyton Randolph, son conocidos por su historia fantasmal.

Peyton Randolph ayudó a dirigir la Guerra de la Independencia (1775–1783). **Heredó** la casa de su padre, que más tarde se llamó la Casa Peyton Randolph. En la actualidad, el edificio está abierto al público. Empleados e invitados afirman ver fantasmas de mujeres, hombres y niños vestidos con ropa colonial, que más tarde desaparecen ante los ojos de los visitantes. Una mujer que vivía en la casa a mediados del siglo XX también informó de extraños sucesos, como el sonido de pasos y la aparición del fantasma de una adolescente.

En la taberna Raleigh también han tenido lugar eventos inexplicables. La taberna acogió cenas y fiestas para mucha gente, incluyendo a George Washington. Los visitantes de la taberna escuchan los sonidos de las fiestas cuando la taverna está tranquila. También huelen tabaco de pipa cuando nadie está fumando.

Taverna Raleight

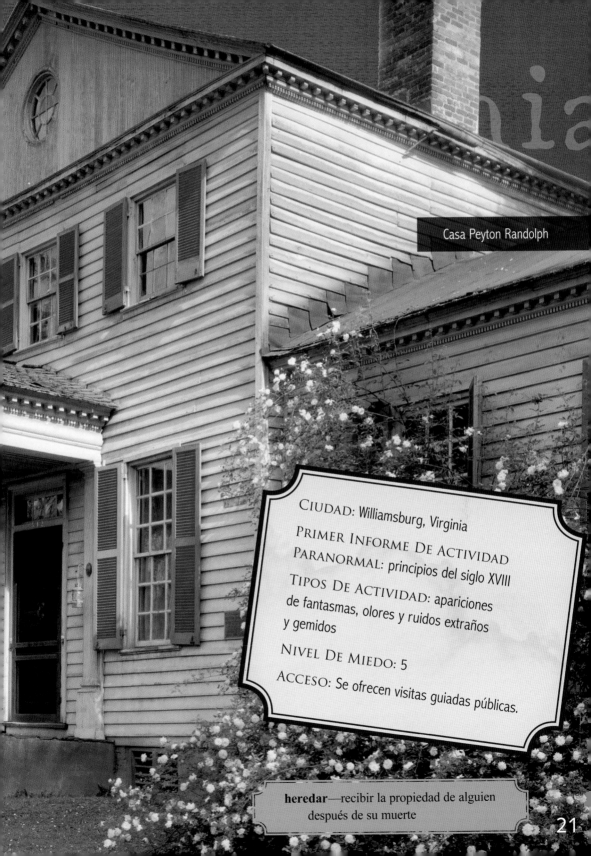

Casa Peyton Randolph

CIUDAD: Williamsburg, Virginia

PRIMER INFORME DE ACTIVIDAD
PARANORMAL: principios del siglo XVIII

TIPOS DE ACTIVIDAD: apariciones
de fantasmas, olores y ruidos extraños
y gemidos

NIVEL DE MIEDO: 5

ACCESO: Se ofrecen visitas guiadas públicas.

heredar—recibir la propiedad de alguien
después de su muerte

HOSPITAL ESTATAL DE DANVERS

El Hospital Estatal de Danvers fue construido en la década de 1870 para atender enfermos mentales. El hospital se expandió hasta tener más de 40 edificios. Fue construido para albergar a 600 pacientes, pero en 1945 contaba con 2.360 pacientes. En ese entonces, no se sabía mucho sobre el tratamiento de enfermedades mentales y se utilizaban métodos severos para mantener a los pacientes bajo control. Algunas personas creen que estos tratamientos son el motivo de que los fantasmas sigan habitando en el lugar.

La película de terror *Session 9*, de 2001, fue filmada en el Hospital Estatal de Danvers, antes de que el edificio fuera derribado.

Jeralyn Levasseur creció en la propiedad. Su padre era el administrador del hospital. Ella recuerda oír pasos en la casa, luces parpadeando y puertas abriéndose y cerrándose por sí solas. Un día vio el fantasma de una mujer en el ático. Otro día se encontró con que las sábanas de la cama habían caído cuando no había nadie en la habitación.

Historias como la de Levasseur atrajeron a cazadores de fantasmas y turistas a Danvers, después de que el hospital cerrara en 1992. Muchos visitantes salieron de ahí creyendo que el edificio estaba embrujado. Hoy en día, la mayor parte del antiguo hospital ha sido derribado. Los únicos edificios que quedan se han convertido en apartamentos de lujo, dejando en el misterio los fantasmas del Hospital Estatal de Danvers.

CIUDAD: Danvers, Massachusetts

PRIMER INFORME DE ACTIVIDAD PARANORMAL: no se sabe

TIPOS DE ACTIVIDAD: apariciones de fantasmas, contacto físico con fantasmas, sonido de pasos, objetos que se mueven

NIVEL DE MIEDO: 4

ACCESO: No hay acceso público.

U.S.S. CONSTELACIÓN

CIUDAD: Baltimore, Maryland

PRIMER INFORME DE ACTIVIDAD
PARANORMAL: 1955

TIPOS DE ACTIVIDAD: apariciones de
fantasmas, olores extraños, ruidos, luces sin
explicación

NIVEL DE MIEDO: 2

ACCESO: Se ofrecen tours.

El U.S.S. Constelación fue el primer barco construido por la Marina de los Estados Unidos. Usado por primera vez en 1797, el Constelación libró varias batallas. En 1853, el barco fue desmontado y se construyó uno nuevo con el mismo nombre. Durante otros 100 años, el Constelación desempeñó nuevas funciones. El barco transportó comida a Irlanda durante una **hambruna**. Fue lugar de entrenamiento para marineros durante la Primera Guerra Mundial (1914–1918). El Constelación dejó se usarse en 1955. El barco es ahora Monumento Histórico Nacional en Baltimore, Maryland.

Las apariciones de fantasmas a bordo del Constelación comenzaron a ocurrir el mismo año en que dejó de usarse. Dos fantasmas, un marinero y un capitán, han sido vistos vagando por las cubiertas. Los visitantes afirman que son los fantasmas del Capitán Thomas Truxton y del marinero Neil Harvey. En el siglo XVIII, los oficiales de la Marina utilizaban castigos severos para los marineros. En 1799 Truxton ordenó que el marinero Harvey muriera por quedarse dormido cuando estaba de guardia.

Otras apariciones fantasmales han sido reportadas a bordo del barco. Un sacerdote agradeció una vez al personal por su bien informado guía turístico. Más tarde se enteró de que no había un guía turístico. Otros visitantes vieron luces fantasmales y oyeron ruidos inexplicables. Y es frecuente que aparezca un olor a pólvora antes de los eventos **paranormales.**

"Una vez, encendí el sistema de alarma, apagué todas las luces y cerré todo. Al día siguiente, el lugar seguía cerrado por dentro, pero las luces y la radio estaban encendidas".
– James L. Hudgins, director del U.S.S. Contstelación en 1976

hambruna—grave escasez de alimentos que provoca hambre generalizada y muertes
paranormal—relacionado con un suceso inexplicable

MUSEO DE LA MANSIÓN DEL GOBERNADOR SPRAGUE

CIUDAD: Cranston, Rhode Island

PRIMER INFORME DE ACTIVIDAD PARANORMAL: 1928

TIPOS DE ACTIVIDAD: apariciones de fantasmas, sonido de pasos, voces, lugares fríos, contacto físico con fantasmas

NIVEL DE MIEDO: 4

ACCESO: Está abierto a visitantes, y para bodas y fiestas.

A primera vista, el Museo de la Mansión del Gobernador Sprague parece ser una casa antigua y señorial. Sin embargo, sus columnas blancas y su mobiliario formal ocultan un pasado oscuro.

La Mansión Sprague comenzó siendo un modesto hogar. Fue construida en Cranston, Rhode Island, a finales del siglo XVIII. El nombre se lo debe al coronel Amasa Sprague, quien convirtió la casa en una elegante mansión, en el siglo XIX. Sin embargo, Sprague fue asesinado en la víspera de año nuevo, en 1843. John Gordon, que trabajaba para Sprague, fue declarado culpable del asesinato y fue ejecutado. Sin embargo, pruebas posteriores sugirieron que Gordon no fue el culpable.

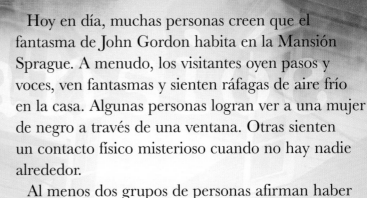

Hoy en día, muchas personas creen que el fantasma de John Gordon habita en la Mansión Sprague. A menudo, los visitantes oyen pasos y voces, ven fantasmas y sienten ráfagas de aire frío en la casa. Algunas personas logran ver a una mujer de negro a través de una ventana. Otras sienten un contacto físico misterioso cuando no hay nadie alrededor.

Al menos dos grupos de personas afirman haber recibido mensajes extraños a través de tableros de ouija. Uno de esos mensajes hizo creer a los visitantes que un mayordomo llamado Charlie deambula por la casa. Creen que su fantasma está molesto porque el hijo del dueño de la mansión se negó a casarse con la hija de Charlie. A través de la ouija, Charlie les dijo a los visitantes: "Cuenten mi historia". Como resultado, cada año, la mansión organiza una fiesta de Halloween en honor a Charlie. Mientras algunos afirman sentir el contacto frío de Charlie en la fiesta, el propio Charlie aún no se ha aparecido.

Halloween en el Museo de la Mansión del Gobernador Sprague

¿Realidad o ficción?

La gran cantidad de libros, programas de televisión y películas sobre lugares embrujados es una prueba de nuestra fascinación por lo desconocido. Estas historias nos asustan, nos emocionan y ayudan a dar vida a nuestra historia. La próxima vez que visites un campo de batalla, un hotel antiguo o un edificio histórico, debes estar atento. Nunca se sabe qué —o a quién— puedes encontrarte.

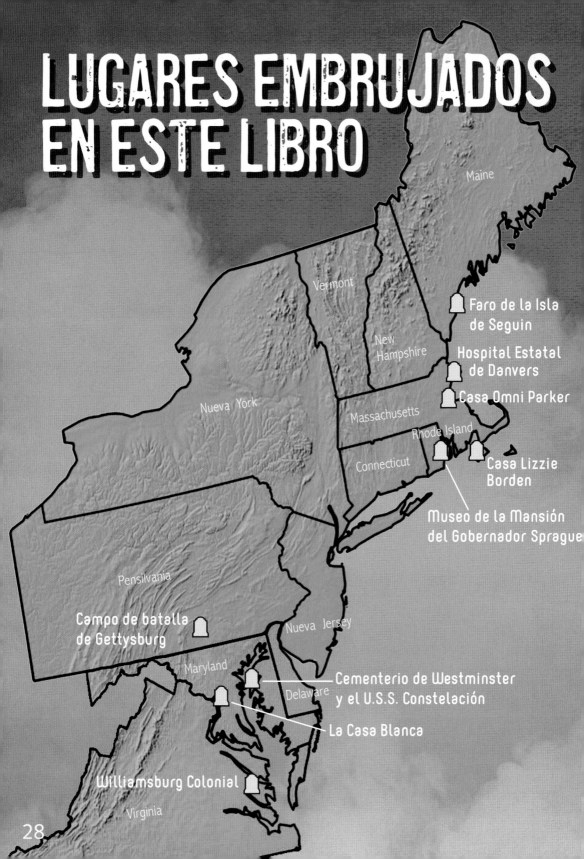

LUGARES EMBRUJADOS EN ESTE LIBRO

Maine

Vermont

New Hampshire

Nueva York

Massachusetts

Rhode Island

Connecticut

Faro de la Isla de Seguin

Hospital Estatal de Danvers

Casa Omni Parker

Casa Lizzie Borden

Museo de la Mansión del Gobernador Sprague

Pensilvania

Nueva Jersey

Campo de batalla de Gettysburg

Maryland

Delaware

Cementerio de Westminster y el U.S.S. Constelación

La Casa Blanca

Williamsburg Colonial

Virginia

OTROS LUGARES EMBRUJADOS EN EL ESTE

El este tiene otros lugares fantasmales que explorar:

- Stonehenge de América, en Salem, Nuevo Hampshire
- Restaurante Ice House en Burlington, Vermont
- Fuerte Delaware en la ciudad de Delaware, Delaware
- Estudios Roxy en la ciudad de Long Island, Nueva York
- Cementerio Barclay en Leroy, Pensilvania
- Teatro Ford en Washington, D.C.
- Parque Militar Nacional Fredericksburg y Spotsylvania, Virginia

GLOSARIO

amputar—cortarle el brazo, la pierna u otra parte del cuerpo a alguien

catacumba—cementerio subterráneo

Confederación—los 11 estados del sur que abandonaron los Estados Unidos para formar los Estados Confederados de América

fantasma—espíritu de una persona muerta que se cree que se aparece a las personas o en lugares

hambruna—grave escasez de alimentos que provoca hambre generalizada y muertes

heredar—recibir la propiedad de alguien después de su muerte

médium—una persona que dice comunicarse con el mundo espiritual

orbe—bola de luz brillante que a veces aparece en un lugar supuestamente embrujado

paranormal—relacionado con un suceso inexplicable

Unión—estados del norte que lucharon contra los estados del sur en la Guerra Civil

ÍNDICE